Mit Umi durch das Schuljahr

Umi heißt der kleine Bär.
Mit ihm gemeinsam
lernen wir noch mehr!
Umi führt uns durch das Jahr.
Sachunterricht macht Spaß,
na klar!

Damit du dich
besser zurechtfindest,
gibt es vor den
Aufgaben Zeichen.

- etwas herausfinden
- ausschneiden und kleben
- erzählen, besprechen
- malen
- schreiben
- etwas tun
- besondere Aufgabe

In der Schule

darüber sprechen, welche unterschiedlichen Räume es in der Schule gibt;
in der eigenen Schule die Räume kennen lernen

herausfinden, wer in einer Schule arbeitet;
Verhalten im Schulgebäude und auf dem Hof thematisieren;
Raum-Lage-Bezeichnungen oben/unten, hinten/vorne, innen/außen anwenden

In der Klasse

darüber sprechen, wie ein Klassenraum eingerichtet sein kann, und Vorstellungen für die eigene Klasse entwickeln: Leseecke und Medientisch; Regal für Sammlungen usw.

Beschreiben, was die Kinder in der Klasse tun; über Arbeitsformen und Inhalte des Sachunterrichts sprechen: etwas herstellen, Versuche durchführen, gestalten, etwas genau betrachten, sich mit Medien informieren …

Jungen und Mädchen spielen gern

1. Wer spielt gerne Gummitwist? Finde auch die Lieblingsspiele der anderen Kinder heraus.

2. Mein Lieblingsspiel

3. Sammelt Ideen für eine Spielekartei.

feststellen, welche Spiele die Kinder in der eigenen Klasse gerne spielen;
überlegen, ob Jungen und Mädchen die gleichen Spiele bevorzugen;
in Partnerarbeit mit den Motiven der Ausschneideseite 43 ein Memospiel herstellen und spielen

Wir packen unseren Ranzen

1 Was kommt in die Ranzen?

nach einer Symbolsprache die Begriffe rechts/links, oben/unten richtig auf dem Spielfeld verwenden und die gefundenen Gegenstände in den Ranzen einzeichnen: Radiergummmi, Schere, Lineal, Federtasche ...; nach dem vorgegebenen Muster sich gegenseitig Suchaufgaben stellen

Das bin ich heute

Mein Name: _____

Alter: _____ Jahre

Das war ich als Baby.   Das bin ich heute.

Augenfarbe   Daumenabdruck

Haarfarbe   Wen ich lieb habe   Lieblings_____

Lieblingsfarbe

sich anderen Kindern vorstellen und dabei den Aspekt „Zeit" durch die einzuklebenden Bilder einbeziehen; ein Lieblingstier, -spielzeug ... malen

Eine Woche vergeht

1. Eine Klasse hat ihren Plan für die Woche aufgehängt. Wie heißt das Thema?

2. Gestalte deinen Plan.

Mein Plan vom _____ bis _____		
	Vormittag	Nachmittag
Montag		
Dienstag		
Mittwoch		
Donnerstag		
Freitag		
Samstag		
Sonntag		

Inhaltsaspekte zum Thema „Zeit" anhand der 7 Blätter benennen;
zu einem eigenen Thema der Klasse einen Plan mit kleinen Bildern oder einzelnen Wörtern gestalten;
die Hohlbuchstaben der Wochentage bunt ausschreiben

9

Ein Tag vergeht

Jeder Tag ist wie ein Buch mit verschiedenen Seiten.

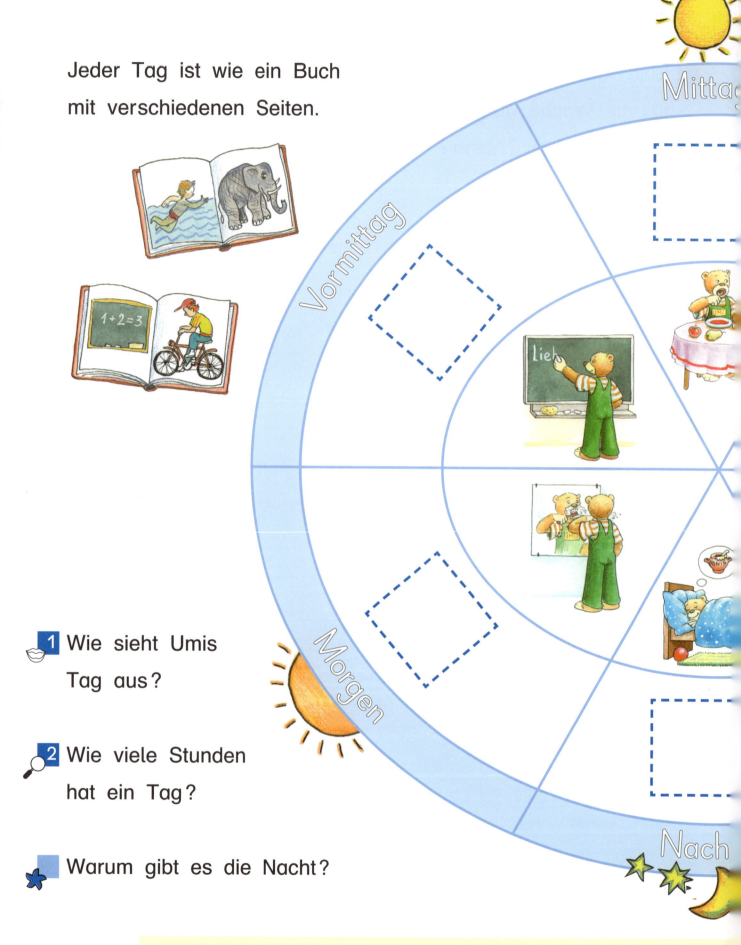

1. Wie sieht Umis Tag aus?

2. Wie viele Stunden hat ein Tag?

Warum gibt es die Nacht?

die Begriffe „Morgen, Vormittag …" richtig gebrauchen und typische Tätigkeiten für diese Tageszeiten nennen; die Hohlbuchstaben farbig ausschreiben

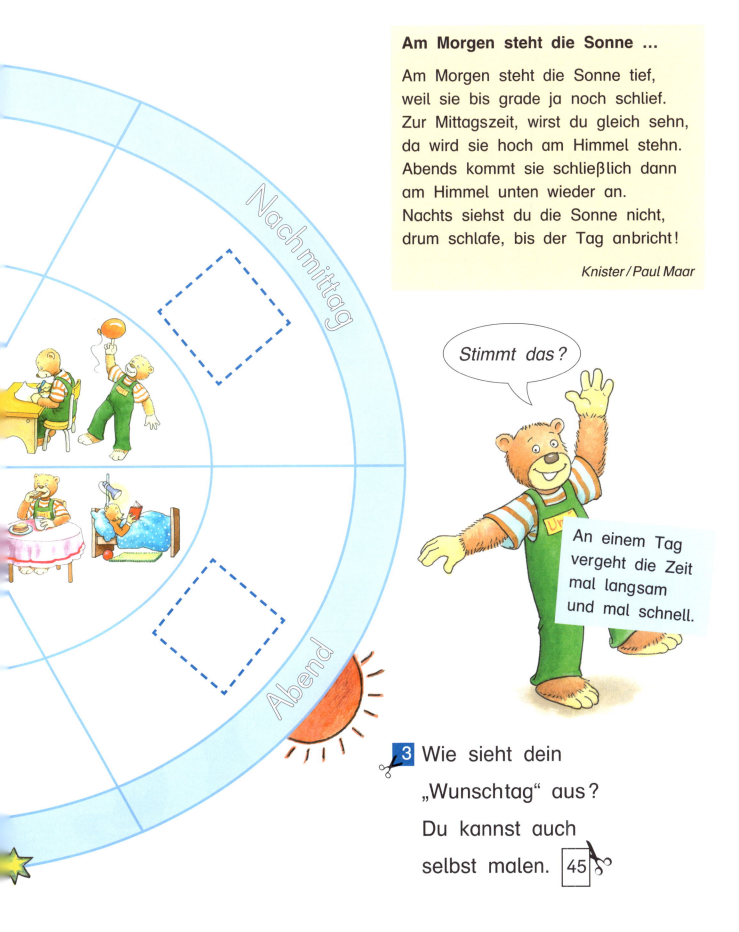

Am Morgen steht die Sonne …

Am Morgen steht die Sonne tief,
weil sie bis grade ja noch schlief.
Zur Mittagszeit, wirst du gleich sehn,
da wird sie hoch am Himmel stehn.
Abends kommt sie schließlich dann
am Himmel unten wieder an.
Nachts siehst du die Sonne nicht,
drum schlafe, bis der Tag anbricht!

Knister / Paul Maar

3 Wie sieht dein „Wunschtag" aus? Du kannst auch selbst malen. 45

Gesund bleiben

1 Welche Kinder brauchen einen guten Rat von dir?

2 Was fehlt Lulu? Male es dazu.

anhand der Bilder über eine gesunde Lebensweise sprechen: Bewegung an der frischen Luft, richtige Kleidung, gesunde Ernährung, Körperhaltung, Schutzbekleidung;
beachten, welche Schutzkleidung Umi trägt, und bei Lulu ergänzen

12

Mein Körper

1 Ordne die Namen zu.

Arm Bauch Hals Bein

Kopf Fuß

Hand

Meins

Augen, Nase, Mund und Ohren,
Finger, um darin zu bohren,
Arme, Hände, Füße, Beine
und des Weiteren noch meine
Brust, der Rücken ebenso
und der Kopf, der Bauch, der Po:
All das und noch vieles mehr
gehört zu mir, geb ich nicht her.

Regina Schwarz

* Malt euch gegenseitig.

2 Uli hat Lulu gemalt. Wann wäschst du deine Hände?

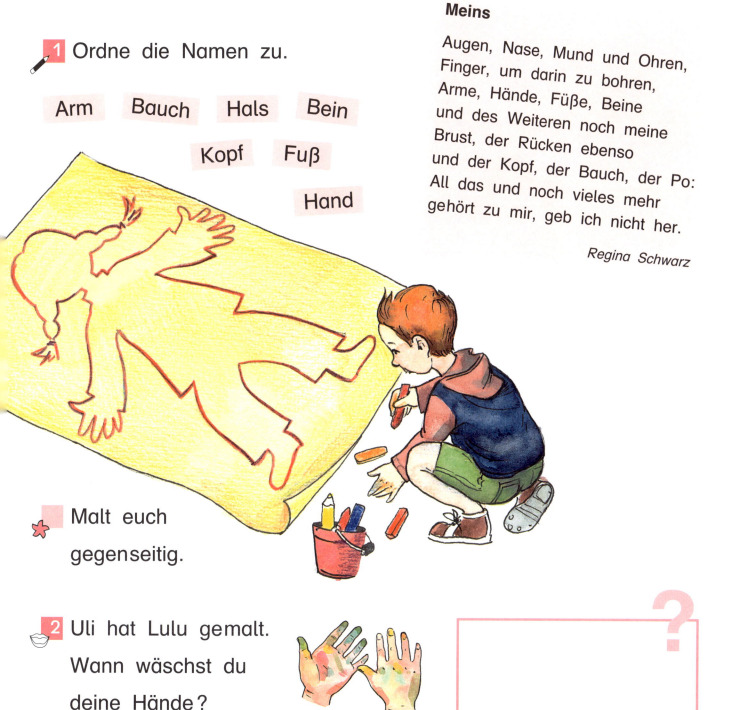

das Gedicht vorlesen (Lehrkraft) und weitere Körperteile nennen lassen;
darüber sprechen, warum das Händewaschen nach dem Malen notwendig ist, und von weiteren Situationen berichten;
ein eigenes Beispiel in den Rahmen malen

Baden und noch mehr ...

1 Wie pflegst du dich noch?

2 Was machst du jeden Tag? Umrande diese Tropfen blau.

besprechen, wie Kinder und Erwachsene ihren Körper pflegen,
in die leeren Tropfen zwei weitere Beispiele malen;
tägliche Notwendigkeiten hervorheben

Gut für die Zähne

 1 Ordne die Bilder zu. 45 ✂

Klebe sie auf.

2 Ideen für ein Apfelfest:

Finde heraus, was dieser Spruch bedeutet.

An apple a day keeps the doctor away.

Bilder in eine einfache Tabelle einordnen: gut für die Zähne, schlecht für die Zähne;
durch Nachfragen Umis Reim vorsprechen/übersetzen lassen und über seine Bedeutung reden;
Ideen für ein Apfelfest sammeln und ein Fest planen

Zähne, Zähne, Zähne

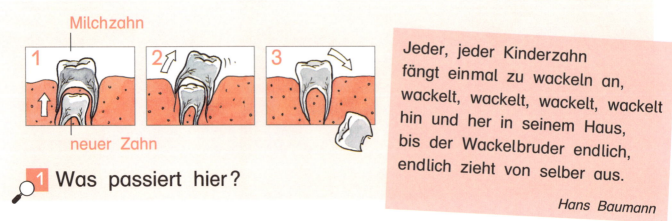

1 Was passiert hier?

Jeder, jeder Kinderzahn
fängt einmal zu wackeln an,
wackelt, wackelt, wackelt, wackelt
hin und her in seinem Haus,
bis der Wackelbruder endlich,
endlich zieht von selber aus.

Hans Baumann

über Themen für ein „Zähne-Projekt" in der eigenen Klasse sprechen und dieses planen:
Zahnärztin/Zahnarzt einladen, Zahnputzutensilien mitbringen, verschiedene Zahntypen kennen lernen …;
sich informieren, was beim Zahnwechsel passiert

Zähne putzen

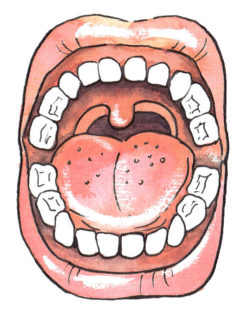

1 Wenn kein Zahn fehlt, hat ein Milchgebiss _____ Zähne.

2 Welche Zähne fehlen bei dir?

3 Ordne die Bilder zu.

So putze ich meine Zähne:

Wasser in den Becher füllen.

2

Zahnpasta auf die feuchte Bürste drücken.

3

Außen in kreisenden Bewegungen putzen.

4

Auf den Kauflächen hin und her putzen.

5

Innen von Rot nach Weiß putzen.

6

Mit Wasser gründlich ausspülen.

 Bringe deine Zahnbürste mit und übe.

Was tun Schneidezähne, Backenzähne, Eckzähne?

das eigene Gebiss anschauen und die Anzahl der Zähne feststellen;
fehlende Zähne in der Illustration markieren;
den Prozess des Zähneputzens in einzelnen Stationen besprechen und nachvollziehen

Im Herbst

Blätter fallen

Falle, falle,
gelbes Blatt, rotes Blatt,
bis der Baum kein Blatt mehr hat,
weggeflogen alle.

Lisa Bender

1 Erzähle zum Herbstbild.

2 Male die Früchte im Korb an:
Apfel, **Birne**, **Traube**, **Pflaume**.

18

über das Aussehen der Natur im Herbst sprechen und typische Erscheinungsformen bei Pflanzen und Tieren benennen, dabei den Igel beachten; ggf. Vergleiche anstellen mit den Seiten 22, 24, 26

Blätter und Früchte sammeln

 Ordne die Früchte dem richtigen Namen zu. 45

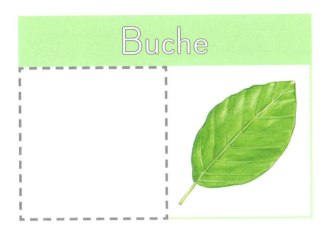

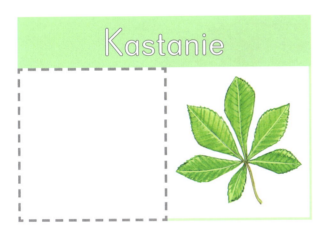
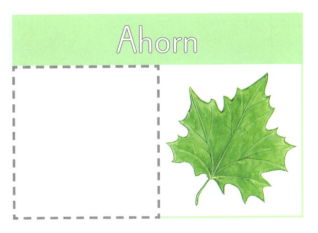

2 Du kannst lustige Sachen basteln.

das typische Aussehen der Blätter von Buche, Eiche, Kastanie und Ahorn besprechen;
die Bäume in der eigenen Umgebung suchen und Blattformen identifizieren;
die Früchte erkennen und zuordnen;
weitere Merkmale der Bäume in der Natur beschreiben

Igel-Werkstatt

Adresse: Ein Stacheltier

Ein Stacheltier

Der Igel schläft tagsüber. Abends und in der Nacht wird er munter und geht auf die Jagd.

Bei Gefahr rollt er sich zusammen. Über 6000 harte, spitze Stacheln hat ein erwachsener Igel!

Im Herbst frisst der Igel sehr viel. Dann hält er unter Laub und Reisig seinen Winterschlaf.

Während des Winterschlafs gehen sein Herz und seine Atmung langsamer.

1 • Auge   • Ohr   • Pfote   • Schnauze   • Stachel

2 Ein Domino basteln

über die Igel-Informationen sprechen und durch eigene Erkundungen ergänzen;
Dominokarten selbst gestalten, vervielfältigen lassen und ausmalen

20

1 Ein Igelbuch gestalten

2 Einen Laufigel basteln

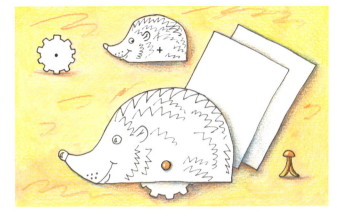

Du kannst einen Tag im Leben eines Igels nachspielen.

3 Nahrung für den Igel finden

In jeder Zeile hat sich ein Fressen versteckt. Male die Felder an.

K	Ä	F	E	R	S	A	L	I	T
A	R	O	B	S	T	I	K	U	M
O	S	C	H	N	E	C	K	E	N
B	A	R	W	Ü	R	M	E	R	I
E	S	P	I	N	N	E	N	L	A

4 Feinde des Igels

_____

_____

_____

DERAMR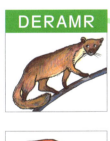

TOAU

LEEU

ADHSC

eine Bastelarbeit auswählen und selbst gestalten;
in Partnerarbeit mit den Laufigeln nach den Informationen der Seiten einen „Igel-Tag" ausdenken und spielen

Im Winter

Schneeflocken

Es schneit, hurra, es schneit!
Schneeflocken weit und breit!
Ein lustiges Gewimmel
kommt aus dem grauen Himmel.

1 Erzähle von deinen Erlebnissen im Winter.

2 Wo ist der Storch im Winter?

über das Aussehen der Natur im Winter und über die Aufenthaltsorte/Aktivitäten der Tiere sprechen;
bei Erlebnissen im Winter auch auf mögliche Gefahren eingehen: Einbrechen im Eis, Erkälten bei falscher Bekleidung,
Verletzungen beim Schneeballwerfen …

Vögel am Futterhaus

1 Vergleiche die Vögel am Futterhaus: Farbe, Größe.

Vogelfutter

2 Welches Futter ist geeignet?

3 Was ist kein Futter? Streiche es durch.

Am Schnabel kann man Vögel unterscheiden.

Weichfresser   Körnerfresser

die Vögel am Futterhaus beschreiben und
in der eigenen Umgebung beobachten;
sich über geeignetes Vogelfutter und das Für und Wider der Winterfütterung informieren

Im Frühling

Frühling

Frühlingsmonate gibt es drei.
Sie heißen März, April und Mai.
Im Frühling gibt es viel zu sehn.
Krokus und Schneeglöckchen
auf der Wiese stehn.

Märzenbecher Gänseblümchen
Löwenzahn Schlüsselblume

 1 Was gefällt dir am Frühling?   Lerne ein Frühlingslied.

über das Aussehen der Natur im Frühling sprechen;
die Blumen in ihrem Aussehen beschreiben, unterscheiden und in der eigenen Umgebung suchen

Frühblüher

1 Bestimme die Pflanzen.
Verbinde jede Frühlingsblume
mit ihrem Namen.

Osterglocke

Schneeglöckchen

Tulpe

Krokus

2 Beschrifte die Teile der Tulpe:
• Blüte • Zwiebel • Stängel • Wurzel • Blatt

mit Hilfe erste Bestimmungsübungen mit einem Pflanzenbuch durchführen;
über die Teile einer Blütenpflanze sprechen und die Zwiebel bzw. Knolle (beim Krokus) als Vorrats-
speicher der Frühblüher hervorheben

Im Sommer

Sommer

Juni, Juli und August
wecken meine Lebenslust.
Es lacht der helle Sonnenschein,
drum pack die Badehose ein.
Doch keine Jahreszeit ist ohne Tücken,
am Abend schwirren tausend Mücken.

1 Was machst du in der Natur am liebsten?

Wie kannst du Blumen lange haltbar machen?

über das Aussehen der Natur im Sommer sprechen (ggf. Vergleiche mit den Seiten 18, 22, 24);
Sommergedichte oder -lieder suchen;
sich informieren, wie Blumen durch Pressen und Trocknen haltbar gemacht werden können

Arbeit im Schulgarten

1  Gießkanne *gießen* 2  Spaten *umgraben* 3  Grabegabel *graben* 4  Harke *harken*

5 Grubber *lockern* 6 Pflanzholz *bohren* 7 Schere *abschneiden* 8 Pflanzschaufel *pflanzen*

1 Womit arbeiten die Kinder im Garten? Trage die Nummern ein.

über eigene Erlebnisse und Tätigkeiten in einem Garten berichten;
Gartenwerkzeuge und ihre Einsatzmöglichkeiten kennen lernen;
die eigenen schulischen Anlagen – wenn vorhanden – besuchen

Lebendige Sommerwiese

Schafgarbe
Margerite
Hahnenfuß
Glockenblume
Rotklee
Weißklee

1 Bestimme die Pflanzen und ordne zu.

2 Wohin gehören die Tiere? 47

Hahnenfuß ist giftig!

28

das Erscheinungsbild von Blumen und ihre Namen kennen lernen;
sie in der eigenen Umgebung suchen;
mit einem einfachen Pflanzenbestimmungsbuch umgehen;
in einem Gesamtbild Detailausschnitte wiedererkennen

Wer bin ich?

Ich lebe im Sommer
auf Pflanzen.
Meine Leibspeise
sind Blattläuse.
Wer bin ich? ①

Maulwurf

Ich lebe dort,
wo die Erde feucht ist.
Ich atme durch die Haut.
Wenn es regnet, komme
ich an die Erdoberfläche.
Ich würde sonst in
meinen Gängen ertrinken.
Wer bin ich? ②

Marienkäfer

Ich habe vier hellgelbe Flügel
mit einem roten Punkt.
Aus meinen Eiern schlüpfen
hellgrüne Raupen.
Wer bin ich? ③

Regenwurm

Ich lebe im Boden.
Dort grabe ich Gänge.
Meine Nahrung sind
Engerlinge und Würmer.
Wer bin ich? ④

Zitronenfalter

1 Ordne den Rätseltexten die richtigen Tiere zu.

Denke dir selbst Rätseltexte aus.
Nutze ein Tierlexikon oder den Computer.

sich eigenständig über Tiere informieren und dabei unterschiedliche Medien nutzen

Sonnenschein

1. Woher scheint die Sonne? Begründe deine Meinung.

2. Male die Sonne zum Foto.

3. Die Menschen am Strand müssen sich vor den Strahlen der Sonne schützen. |47|

Pflanzen brauchen das Sonnenlicht.

über die Abhängigkeit des Schattenwurfs vom Sonnenstand sprechen;
Gefahren der Sonnenstrahlen für die Menschen kennen und entsprechende Verhaltensweisen benennen

Woher kommt das Licht?

1 Suche alles, was leuchtet. Male farbig aus.

Lichtquellen benennen und dabei natürliche und von Menschen geschaffene Lichtquellen unterscheiden

Licht und Schatten

1 Probiere es selbst. Beobachte den Schatten.

2 Ordne die Bilder zu.

3 Welche Lampe leuchtet?

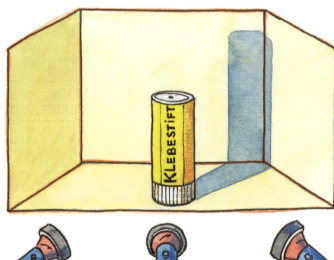

4 Wie kannst du den Schatten verändern?

durch eigene Versuche herausfinden, wie die Schattenbildung von der Position der Lichtquelle zum Gegenstand abhängt; die Ergebnisse dokumentieren

32

Schattenspiel

 Bastle eine Figur.

1

2
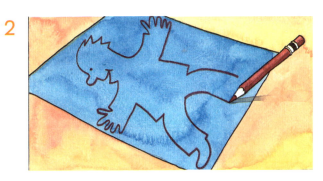

3

4

Uli und Lulu erzählen ein schönes Erlebnis in ihrer Klasse.

 Spielt etwas mit euren Figuren vor.

Erkunde andere Schattenspiele.

Welche Gegenstände lassen Licht durch?

nach Bildanleitung eine Stabfigur herstellen;
mit Hilfe der Lehrkraft eine Projektionsfläche für ein Schattentheater aufbauen und eigene Geschichten vorspielen

So ein Wetter

1 Was bedeuten diese Wetterzeichen?

2 Ordne jedem Foto das passende Zeichen zu.

3 Ich beobachte das Wetter vom _____ bis _____

	⛈	🌧	☀	☁	⛅	🚩	🚩	🌨	💨	🧣
Montag										
Dienstag										
Mittwoch										
Donnerstag										
Freitag										

die Darstellung von Wettererscheinungen durch Symbole besprechen;
das Wetter über mehrere Tage beobachten und in einer Tabelle protokollieren

Was ziehst du an?

1 Welche Wetterzeichen passen zu den Bildern?

2 Welches Wetter wünschst du dir? Ziehe das Kind mit der passenden Kleidung an.

Rate, was ich gleich draußen mache.

vom Zusammenhang des Wetters und der passenden Kleidung erzählen;
ein Bild sachorientiert gestalten

35

Über die Straße

1 Manchmal ist es nicht so einfach, die Straße zu überqueren. Wie ist das auf euren Schulwegen?

von eigenen Schulwegen berichten, diese ggf.
gemeinsam mit der Klasse abgehen;
darüber sprechen, was beim Überqueren der Straße mit Hilfe von Schülerlotsen zu beachten ist

Bei _____ bleibe stehen,

bei _____ kannst du gehen.

Lulu geht über die Straße.
Sie achtet genau auf
die Verkehrszeichen
und die Autos.

1 Ergänze den Satz. Male die Ampel passend an.

2 Setze das passende Verkehrszeichen ein.

Einrichtungen kennen lernen, die Fußgängern beim Überqueren der Straße helfen;
entsprechende Verhaltensweisen beschreiben und einüben

37

Wir passen auf

1 Worauf müssen diese Kinder auf ihrem Schulweg achten? Wie würdest du dich verhalten?

2 Hier muss ich auf meinem Schulweg gut aufpassen.

mögliche Situationen auf dem Schulweg besprechen, die besondere Aufmerksamkeit erfordern;
eine problematische Stelle des eigenen Schulwegs per Bild vorstellen

1 Sucht euch in der Gruppe eine Situation aus.
Spielt vor, was ihr anders machen würdet.

das Verhalten an Haltestellen öffentlicher Verkehrsmittel thematisieren und positiv vorspielen;
darüber sprechen, wie Kinder auf Ansprache durch (fremde) Erwachsene reagieren können

Durch unser erstes Schuljahr

Male zu jedem Monat ein passendes Bild oder schreibe einen passenden Satz. Du kannst auch Fotos oder Bilder aus Zeitschriften ausschneiden und einkleben.

im Lauf des ersten Schuljahrs bedeutsame Ereignisse für die Klasse bewusst machen, mit Bildern oder Stichwörtern festhalten und abschließend als Gesamtdarstellung betrachten

Alternative: den Jahreskreis mit subjektiv geprägten Erlebnissen des einzelnen Kindes ausfüllen; die Abschnitte des Außenkreises und die Namen der Monate und Jahreszeiten farblich gestalten

Was wir alles wissen

Nenne zwei Feinde des Igels.

Wie heißt der zweite Tag der Woche?

Wozu wird der Spaten im Garten gebraucht?

Was ist gut für die Zähne?

Was frisst ein Igel?

Wie viele Zähne hat ein Milchgebiss?

Welches Tier kommt bei Regen aus der Erde?

Wie entsteht ein Schatten?

Wie muss man sich an einem Zebrastreifen verhalten?

Wie kann man sich vor Sonnenstrahlen schützen?

Nenne drei Blumen der Sommerwiese.

Nenne fünf Körperteile des Menschen.

Nenne drei Frühlingsblumen.

Wie sieht die Frucht des Ahornbaums aus?

Was macht ein Schülerlotse?

42

für eine Art Quizspiel selbst zwei Fragen ausdenken und in die leeren Felder schreiben;
anhand der Fragen (und Antworten) sich über besprochene Inhalte des Schuljahrs bewusst werden

Seite 6

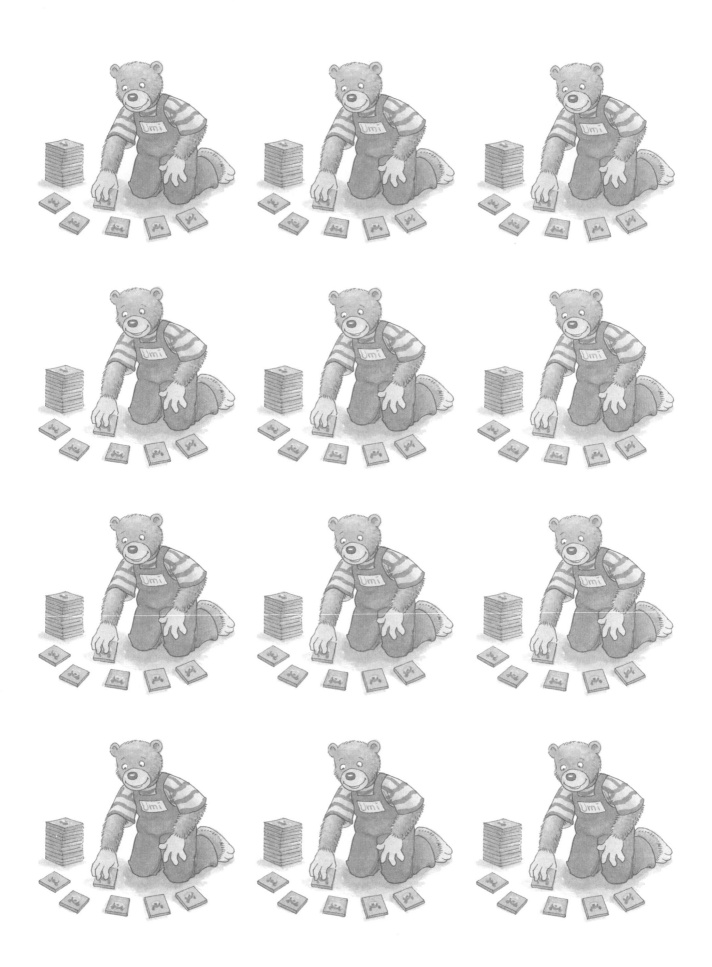

Seite 10/11

Seite 15

Seite 17

Seite 19

45